Generis

PUBLISHING

L'AMOUR:

UN FAIT SPIRITUEL, PSYCHOLOGIQUE OU ACQUIS?

Guillain SADIKISA MULUMBU

CIP a Camerei Naționale a Cărții

Sadikisa Mulumbu, Guillain.

L'Amour : Un fait spirituel, psychologique ou acquis? / Guillain Sadikisa Mulumbu. – Chișinău : Generis Publishing, 2020 (Print on demand). – 48 p.

ISBN 978-9975-3238-8-8.

27

S 13

Cover image: www.pixabay.com

Generis Publishing

Online orders: www.generis-publishing.com
Orders by email: info@generis-publishing.com

PREFACE

L'amour c'est un mot qu'on trouve partout dans le monde dont tout le monde en utilise soit abusivement soit sincèrement. Et aimer, reste le verbe qui se conjugue avec beaucoup d'estime surtout lorsqu'on veut être insérer ou admis quelque part ou encore dans un cœur précieux.

L'amour reste le seul fait provenant dans le cœur que personne ne peut s'en passer.

La lecture de cet ouvrage, nous aidera à aimer nos prochains ou carrément à faire de tout notre mieux de se faire aimer par Dieu, Car l'amour reste la chose la plus importante non seulement dans la Bible mais aussi dans la vie de chaque jour.

Qui que vous soyez cela nous attache tous.

Guillain SADIKISA MULUMBU

DEDICACE

A mon Seigneur et Sauveur JESUS- CHRIST,

A ma grande famille biologique que j'aime,

Et à toute l'Eglise Corps du CHRIST, recevez ici mes salutations et mes reconnaissances pour vos prières et encouragements.

Je vous aime beaucoup!

INTRODUCTION

Dieu en effet, a tant aimé le monde qu'il a donné son Fils, son unique, pour que tout HOMME qui croit en lui ne périsse pas mais ait la vie Eternelle (Jean 3 :16)

Par amour, Dieu a dû prendre son unique Fils pour que le monde soit sauvé, or celui-ci, étant son Fils bien- aimé (Matthieu 3 :17) mais comment celui-ci pouvait montrer tant d'amour à tout homme au lieu de le prouver à son Fils ?

Son Fils aussi aime tout homme comme son Père et il savait que son Père ne pouvait jamais lui faire du mal et il ne voulait pas que ceux qu'ils aiment eux deux puissent souffrir à leurs yeux alors que ce n'était pas leur souhait de faire souffrir les autres.

L'amour que nous parlons, a commencé avant nous, par celui qui a vu qu'il était bon qu'on soit ses amis et qu'on participe aux joyeuses merveilles de sa Création. Nous ne pouvons jamais aujourd'hui parler de l'amour sans pour autant indexé celui à qui ce mot prend sa racine. Dieu, l'élément déclencheur du phénomène amour que nous utilisons aujourd'hui chacun selon bon lui semble.

D'autres superficiellement certains pour une fin ténébreuse dont la suite n'est pas réellement l'amour qu'il prétendait dire à son prochain. Ainsi d'une façon vraie comme le Seigneur reste un meilleur remède pour non seulement les chrétiens, mais aussi pour tout homme qui pense vivre dans un milieu où il n'est pas seul mais entouré des autres qui lui porteront secours ou pas car l'amour n'est pas ce qu'on nous oblige ; mais ce que nous sommes par la grâce du Seigneur.

CHAPITRE I :

L'AMOUR : UN FAIT PSYCHOLOGIQUE ?

Il y a plusieurs compréhensions de ce terme amour selon les hommes, et nous allons prendre quelques exemples de l'amour.

L'amour :

1. Sentiment intense et agréable qui incite les êtres à s'unir.
2. Sentiment naïf et chaste qui se voie de pudeur et de fierté au sanctuaire du cœur, n'est point cette tendresse cavalière qui répand les larmes de la coquetterie par les yeux du masque de l'innocence.

Sentiment : a) Faculté que nous avons de connaitre, de comprendre, d'apprécier, de sentir directement certaines choses sans le secours du raisonnement, de l'observation ou l'expérience.

b) Quelqu'une des affections, des passions, des émotions ; et généralement de tout phénomène de la vie affective.

c) Disposition à être facilement ému, touché ou attendu.

d) Opinion qu'on a de quelque chose, ce qu'on en pense ; ce qu'on en pressent.

Intense : Qui dépasse la mesure ordinaire qui est grand, fort, vif.

Après toutes ces définitions sur le seul mot amour, nous allons vite comprendre que l'homme a sa façon propre d'analyser et de contextualiser les choses qui l'entourent selon son bon vouloir.

EROS : l'amour du genre

L'amour un fait psychologique, suivant tout ce que nous venons de dire au début ça correspond exactement à cet amour psychologique ou Eros car ça tient compte d'attirance corporelle et physique qui fait appel aux organes de sens mais, qui n'est pas vraiment un amour vrai.

C'est souvent un amour trompeur et qui nous induit en erreur car ce sont nos yeux qui tombent sans pour autant connaitre la personne d'avantage. Freud l'appel, l'équivalent de nos pulsions sexuelles.

C'est juste ce qui satisfait le plaisir de ce qu'à admirer ou frapper notre œil ; Adam connut Eve, sa femme ; elle conçut, et enfanta Caïn et elle dit : J'ai formé un homme avec l'aide de l'Eternel (Genèse 4 :1). Et l'homme dit : Voici cette fois celle qui est os de mes os et chair de ma chair ! On l'appellera femme, parce qu'elle a été prise de l'homme (Genèse 2 :23).

Nous voyons dans ces deux passages de Genèse 4 et 2 que l'homme a été attiré de beauté de la femme pour son corps et non pour un amour vrai et réel selon ce que Freud nous explique. Ces deux passages nous montre et qualifie cet **amour, d'éros** que nous venons de parler ;

Il juxtapose sa vie avec ce qu'il a appris et comprend, c'est ainsi nous allons voir que la plupart de cas les hommes sont les plus touchés dans ce phénomène de l'amour.

On nous a dit que le sentiment c'est sentir quelque chose sans le secours du raisonnement parce que souvent l'homme dans son for intérieur n'a pas envie de beaucoup philosopher sur l'état de la personne qu'elle rencontre pour aimer et d'aucune explication au préalable pour avoir de l'affection sur celle-ci.

Prenons le cas d'un accident grave qui se produit chez vous ou tout près de vous et il y a eu plusieurs morts. Vous n'avez pas besoin de beaucoup d'explication ou de fouiller sur la liste de gens accidentés pour savoir qui est mort parmi les membres de ta familles ou tes proches amis mais juste le fait de voir ces morts, vous donne une certaine compassion de toutes ces familles qui ont perdues le leurs.

C'est exactement ça un sentiment sans le secours d'un raisonnement. On dit encore que l'amour est une affection profonde pour quelqu'un ou quelque chose.

L'amour physique est fondé sur ce genre de plaisir, que l'homme a envers l'autre, ce préjugé qu'on a sur les autres. On pense aimer quelqu'un que lorsqu'on maitrise tout autour de lui et que l'on connait personnellement.

La plupart des hommes se méfient de se livrer si facilement à exposer tout de lui à l'autre, peu importe le temps qu'ils peuvent faire ensemble ; le fait de se connaitre n'exclut toujours pas cette méfiance réciproque entre humain.

Et souvent dans nos milieux africains surtout dans nos villages, si un étranger, qui qu'il soit, si ce village n'est pas de son origine ; il passe toujours pour un étranger, et sa curiosité pour une chose qu'il veut comprendre en tant que touriste semble toujours étrange.

Nous étions obligé d'aller dans une province de notre pays avec les amis il y a quelques années passées à la quête du travail, c'était en période électorale et nous étions censé de nous déplacer pour espérer un poste dans cette structure de processus électoral de notre pays. Et arrivé dans ce territoire, étant étranger, il ne nous a pas été facile de nous adapter car les gens de ce terrain nous soupçonner d'être moins intelligent, voleur, abuseur de femmes...

Nous louons une maison dans l'un de quartier de ce village, et n'ayant en nous aucune ressource financière, car on croyait que l'organisation nous paierait avant la formation mais ceci n'était pas le cas. Et on était buté à plusieurs défis de chaque jour ; le manger, se laver voire le fait d'avoir même les unités sur son téléphone portable...On ne recevait rien de charitable de la part de ces villageois car on était venu d'un autre coté et les gens de la ville que nous étions il parait que nos prédécesseurs ont commis plusieurs délit et cela nous imputait alors qu'innocents.

Même dans la salle de formation, on commençait toujours à douter de nous et le jour des épreuves arrivât, parmi les épreuves on nous a dit de donner le rapport des résultats de l'enrôlement des électeurs par voie de message écrit sur nos propres téléphones portables à un temps record d'une minute dont les responsables à partir de l'antenne entrain d'enregistrer et de chronométrer. Ce jour-là nous nous sommes démarqués et nous étions le premier à envoyer ce rapport en quelque seconde prêt.

Tous les villageois qu'on était ensemble dans la salle, lorsque le responsable est venu citer le nom du vainqueur donc celui qui est sorti premier selon le rapport de responsables ; et nous étions au premier rang et lorsqu'on a cité notre nom, il fallait qu'on se lève pour que les gens nous acclame et que les responsables vous félicite. Ils sont venus et ils ont cité Guillain est celui qui a battu record sur cette première épreuve. Toute la salle était très calme, silencieuse comme s'il n'y avait pas de gens ce jour-là or on était plus au moins une trentaine dans la salle.

Et nous sommes sortis, personne ne nous saluait d'ailleurs, ils ne nous ont jamais salué avant ! Au retour de là où on louait, on avait l'habitude car elle était à son quatrième avortement et après ça elle ne concevait plus. Celle-ci s'attacha à nous par le fait qu'elle avait un besoin qui n'était rien d'autre que d'avoir un enfant et plusieurs manières elle ne concevait toujours pas alors qu'elle a beau tenté. Et viens vers nous un jour pour nous dire chers papas, parce qu'on était à trois ; « je pense vous être utile ? Désormais vous ne mangerez que chez moi donc je vous prends en charge ». Mangeant chez elle, priant dans son église comme membre effectif, son pasteur un jour va nous présenter à l'assemblée et on se souvient de sa phrase : ces serviteurs de Dieu viennent de la ville, ils n'ont pas de famille ici donnez-leur à manger, à boire, ils n'habitent pas loin juste en face de l'église chez notre sœur dont ils louent. Ne manquait pas de passer pour le faire du bien et Dieu vous bénira.

Mais certains continuaient à douter ou nier de notre existence dans leur village parmi eux dont on a reçu aucune assistance, salutation si ce n'est que des insultes et préjugés de toute forme. Or cette femme s'attacha en nous, à commencer à apprendre à lire et méditer la parole de Dieu quand bien même qu'elle priait ; elle n'a jamais expérimenté cette expérience et elle a commencé à prier après l'avoir montré comment prier et lire les écritures…Certes elle n'a pas reçu des enfants mais la paix dans son cœur. Tous ceux-ci nous amena un grand combat dans le village dont même son mari qui nous aimait tant, lui qui était un grand commerçant du coin, écoutant ce que les villageois vont lui dire.

Il reprend son ancienne femme et nous envoya un message via son cousin que va dire à ses soi-disant serviteurs de Dieu que si parmi eux quelqu'un sort avec ma femme, ici nous ne sommes pas en ville d'où ils arrivent ; je vais carrément les tuer. C'était un épisode très difficile et pour nous et pour la femme, il fallait lui expliquer que cette affaire tu as accepté de commencer avec nous demande beaucoup de sacrifice et un grand cœur si réellement tu aimes Dieu car l'amour supporte tout.

Pourquoi cette différence ? Parce que l'homme s'attache à l'autre seulement sur base des informations qu'il a reçu sur ce dernier. Et ça nous ramène à un amour douteux dont l'objectif est de s'attacher à l'autre que par profit. Un semblant d'amour apparait chez l'homme qui n'est pas celui qu'il en avait envers vous au départ qui était naturel.

Naturellement l'homme a des sentiments d'affection sur l'autre sans qu'il puisse avoir une vraie information de vous en réalité. Mais à force de laisser ses oreilles entendre ou apprendre de vous sans pour autant être convaincu de ce que vous-même vous allez lui dire de votre part ; votre propre information passe toujours mensongère parce que quelqu'un l'a déjà dit autre chose sur vous qui est très contraire à ce que vous, vous lui avait dit.

Qui est-ce l'autre qui nous connait plus que nous-même ?

L'autre est celui qui vous regarde de loin mais semble mieux vous connaitre de par les faibles investigations qu'il fait de vous. Vraie soit-elle votre information sera toujours triquée pour son bon plaisir car le serpent au jardin d'Eden faisait quoi en réalité ? Pourquoi il devrait être là alors que tout allait bien ? Le serpent n'était pas mauvais mais l'esprit qui est entré en lui qui a fait à ce qu'il soit contre l'épanouissement ou l'élévation de l'homme.

Cet esprit a reçu l'information concernant la bénédiction de l'homme et il voulait lui détourné de sa bénédiction (Genèse 3 :1), Job l'a vécu aussi alors qu'il était aimé de Dieu mais l'autre conçoit une mauvaise idée de lui faire perdre tout ce qu'il avait juste par ce que ses propres pensées lui conduisait (Job 1 :8-11).

L'autre ne nous laissera jamais à l'aise parce qu'au fait d'après l'homme pour se concurrencer, un philosophe a dit « Dans tout ami, il y a une portion de traitre… ». Celui-ci nous pensons qu'il a pu rencontrer plusieurs adversités qui lui a fait dire ces choses ; l'homme doute toujours de celui qui est à ses côtés mais crie toujours au secours aux autres.

L'homme veut qu'on puisse l'aider mais ne veut pas aider l'autre avec la même facilité ou le même souhait que lui. L'amour est en fait psychologique car on réfléchit pour aimer, adopter, approcher quelqu'un de nous. C'est pour cela que nous verrons plusieurs personnes dans la rue qui souffre et l'autre dit il doit être un voleur, brigand, sorcier.

Ce n'est pas vraiment important de lui venir en aide car c'est moi qui serai exposé au contraire car celui-ci peut me faire du mal un jour ou me détruire. L'autre est comme les amis du bailleur, dans l'histoire que nous venons de raconter qui, de lui-même prouver des générosités envers nous et quelqu'un est venu lui raisonner pour lui dire : Fais attention ta femme devient amoureuse de ces hommes dit de Dieu.

L'autre, c'est toujours un être encombrant dans l'amour qui commence à naitre parce qu'en réalité il ne se sent pas lui-même aimer. Essayant de réfléchir de sa manière pour dire pourquoi on l'aime et pas moi ? Il y a l'autre positif comme cette bailleresse, voyant des étrangers souffrir, vient d'abord à leur secours sans se poser de question du genre : Ils viennent d'où, ils veulent quoi ?, est ce que ma parcelle est en sécurité avec la présence de ce gens ? Mais son soutien était capital car ça nous a valu une bonne santé physique alors qu'on allait de jeûne en jeûne, et d'autres jours on n'en était pas mais circonstanciellement ou le provoquait à cause du manque de moyen et surtout de soutien.

L'assistance de cette dame a rendu nos pieds sur terre ; souffrant au fond d'elle-même, critique ; insulte voire être tabasser par son mari et, être humilié au vu de tous les villageois…Cette femme avait toujours la promptitude de nous venir en aide car elle se disait en elle-même : Laisser ses hommes de Dieu mourir de faim à mes yeux alors que ce qu'ils en manquent j'en ai, je ne saurais pas ; je dois toujours les aider peu importe les circonstances.

L'œil qui reproduit l'acte

Dieu n'a pas créé l'homme méchant ou injuste, mais cela vient de ce qu'il conçoit dans son entourage immédiat ; la perception comme disent les psychologues est l'élément moteur de la captation de ce que l'œil voit et ce que l'œil perçoit, il le fait transmettre dans le cerveau à l'aide de nerf transitif.

Celui qui a perçu toute sa vie la haine, ne reproduira que de la haine ; jalousie, troubles et combat.

C'est à partir de ces choses qu'aujourd'hui nous connaissons plusieurs meurtres, assassinat et guerre dans le monde à cause de cette erreur de l'environnement qui a entouré la plupart de ces gens-là qui n'ont pas vécu dans le milieu où l'amour régnait. C'est pratiquement difficile pour cette personne-là de donner un autre visage en dehors de ce qu'il vit pendant plusieurs moments de sa vie ; le sage dit : « La plus belle fille au monde ne peut donner que ce qu'elle a ».

Votre milieu vous offre quoi chaque jour ? De la haine ? Vous ne produirez que la haine tout au long de votre vie si vous ne reconnaissez pas le Seigneur JESUS-CHRIST ; et surtout si vous ne le recevez pas comme Seigneur et Sauveur dans votre vie.

CHAPITRE II

L'AMOUR : UN FAIT ACQUIS (Phileo) ?

Souvent définit comme un amour qui partage, autrement dit qui prend et donne ; c'est le souci de l'autre, un amour qu'on peut qualifier d'amour humain ou encore naturel. Comme nous venons de l'apprendre sur Ecclésiaste 7 :29 ; un amour qui tend vers la tendresse, générosité ; mais toujours dans la réciprocité (L'amitié, fraternité, solidarité) ça semble moins superficiel que l'amour éros.

Naomi dit alors à ses deux belles-filles ; Allez, retournez chacune à la maison de sa mère ! Que l'Eternel use de bonté envers vous, comme vous l'avez fait envers ceux qui sont morts et envers moi…Et elles élevèrent la voix, et pleurèrent encore. Orpa baisa sa belle-mère, mais Ruth s'attacha à elle : Naomi dit à Ruth : Voici ta belle-sœur est retournée vers son peuple et vers ses dieux, retourne comme ta belle-sœur (Ruth 1 :11-15).

Nous remarquons qu'il y avait une union sans pareil tissait entre Naomi et Ruth qui ne rendrait plus compte de l'union conjugale mais naturelle à force de cohabiter ensemble. Elle s'est attachée à Naomi sans aucun effort alors qu'Opra rentrait chez elle. Est-ce pour une autre aventure ? Non, juste de l'amour Phileo que nous sommes en train de parler qui n'était pas superficiel.

De la naissance, une famille a au départ une lourde charge à surmonter. Cette charge c'est d'inculquer sur la tête des enfants une cohésion, un amour familial, unité pour souder le lien pour la force de celle-ci. Revenons à nos définitions de l'amour que nous avons aussi vu le mot Unité c'est joindre deux ou plusieurs choses ensemble ou encore de personnes qui ont des liens entre elles.

Cela sous-entend que l'unité est un lien qui se crée dans l'amour du prochain. En Afrique, même dans des rencontres funèbres, il y a un objectif qu'on veut atteindre car d'autres membres de famille se connaissent qu'à partir de ces événements et on profite de l'occasion pour renouer le lien et présenter aux plus jeunes de la grande famille ; qui sont influents et qui incarnent toute l'histoire familiale. Nous disions au début une famille a une part de responsabilité pour rendre plus solide l'unité de celle-ci.

Montrer aux enfants l'importance de s'aimer et l'intérêt qu'il y a dans l'amour du prochain, s'abstenir du mal. Et viser la réussite et l'excellence de tout le monde. Vers les années 2003, moi et les amis nous avons fondé une association des jeunes visant le changement des mentalités ; car à cette époque-là il n'y a pas encore le phénomène bandit appelé Kuluna comme aujourd'hui. Et on disait aux jeunes, acceptez ce que vous êtes, aimez vos prochains, aimez votre environnement, car celui qui aime son milieu ; ne pourra lui faire du mal ou le laisser être détruit alors qu'il peut apporter des solutions pour la joie de tous.

Cette association a aidé les jeunes à se démarquera d'autres jeunes et aujourd'hui parmi ces jeunes nous pouvons compter de serviteurs de Dieu et ministres de la parole aujourd'hui alors qu'à cette époque-là on n'était que de païens. Donc les quelques nations de l'amour du prochain, de son état d'aujourd'hui qu'on les a inculqué est resté et a formé en eux une autre personne utile dans la société, qui aujourd'hui bénit et fait grandir l'œuvre du Seigneur.

Dans l'église où nous sommes ouvrier dans notre département de la jeunesse, il arrive de fois qu'on nous projeté de films chrétiens qui parlent de l'amour de Dieu, des autres, de sa famille et de sa propre personne…Par là nous saluons la vie de notre président de la jeunesse en qui nous faisons de son équipe et arrivons à motiver les jeunes sur l'estime de soi et aimer son prochain comme soi-même.

Beaucoup de jeunes ne croient pas en eux-mêmes, ils ne pensent pas qu'ils peuvent réussir ; ils se voient déjà perdant, vu la situation qui les entoure, dans les familles, pays, certains, voire après un accident subi, rester infirme ; et se détestant eux-mêmes, ne pensant plus réussir à cause de cette infirmité.

A celui qui n'a jamais comment aimer dès sa naissance, est une arme à destruction massive plus qu'une épidémie ou encore une pandémie car il fera rage dans son passage et ne sera jamais à mesure de se rendre compte de ce qu'il fait exactement.

On peut négativement éduquer

Plusieurs jeunes dans le monde souffrent de cette maladie de l'éducation diffuse dont le monde entier est en train d'en bénéficier négativement. Prenons l'exemple de Paul dans les Ecritures, on nous dit : Saul avait approuvé le meurtre d'Etienne. Il y eut, en ce jour-là, une grande persécution contre l'Eglise de Jérusalem ; et tous ; excepté les apôtres se disposèrent dans les contrées de la Judée et de la Samarie (Actes 8 :1).

Tout à commencer au chapitre 7 des actes des apôtres dont Etienne était lapidé par la foule qui a été suborné par les sacrificateurs « Le trainèrent hors de la ville, et le lapidèrent. Les témoins déposèrent leurs vêtements aux pieds d'un jeune homme nommé Saul » (Actes7 :58) ; nous allons comprendre que le jeune Saul n'a jamais appris l'amour de manière positive et il n'avait besoin qu'on puisse l'explique ce que c'est aimer son prochain car, celui-ci voyait un homme sans défense, mais qui était en train de parler ; toute la foule était contre lui, curieusement on le lapide sans intervention. Et Saul s'est dit dans son cœur cette chose n'est pas mauvaise car cet homme est un criminel et sa mort n'affecte personne, et nul n'est inquiétait de sa mort.

A cause d'une action, Saul a réagi sur plusieurs crimes et devient un grand persécuteur de l'église parce qu'il apprit du goût. Le commun de mortel dit : Diviser pour mieux régner…Or on ne règne jamais dans la division mais, on se livre à de nombreuses adversités, Ecclésiastes dit :

Seulement, voici ce que j'ai trouvé ; c'est que Dieu a fait les hommes droits ; mais ils ont cherché beaucoup de détours (Ecclésiaste 7 :29).

L'homme dans son caractère de tout découvrir ce qui n'est pas mauvais mais, lui entraine à faire beaucoup d'erreur qui l'induit facilement au mal.

Il imite un mal qu'il a trouvé chez l'autre pour en faire d'après son bien, l'entourage change aussi certains qui deviennent utiles dans la société alors que chez eux ; celui qui est habitué à vivre dans la haine, jalousie, rivalité, guerre, concurrence…C'est très difficile pour acquérir de bonnes manières dans un milieu où personne ne lui montre le contraire de celle-ci mais venant dans un milieu semble autre que de là où il vient ; nous comprendrons que cette personne ne s'habituera pas si facilement à ses choses il lui faut beaucoup de temps pour qu'il s'en détourne de son caractère passe. Celui-là il ne faut que lui présenter alors à chaque fois le côté positif ou la volte-face de ce qu'il conçoit comme bonne conduite.

CHAPITRE III :

L'AMOUR : UN FAIT SPIRITUEL (AGAPAO)

Etant le créateur, tout a commencé avec Dieu comme nous avons dit dans notre livre Adonaï, le commencement a un créateur que tout a créé par lui et rien de ce qui a été créé n'a été sans lui. L'amour est l'élément moteur de notre croyance en lui car lui-même nous a créés par amour.

Nous sommes aujourd'hui l'image de l'amour du Seigneur dont les Ecritures nous dit : La terre était informe et vide, il y avait de ténèbres à la surface de l'abime, et l'esprit de Dieu se mouvait au-dessus des eaux (Genèse 1 :2). Si la terre était informe et vide ce que même l'amour n'existait pas vous comprenez ? Donc Dieu a tout crée, après toutes ses créations, il n'a jamais encore fait quelque chose pour animer cette musique manquait le rythme. Il y avait des instruments (l'eau, la terre, les animaux, les oiseaux, l'homme, la lumière voire les ténèbres) mais il n'y avait pas encore la musique pour faire boucher tous ceux-ci. C'est l'amour !

Qui devrait animer cette musique ? Celui qui sera créé à l'image de Dieu, le Créateur ; pour quoi Dieu voulait créer son image pour cette grande animation de la vie ? Pour la simple raison que Dieu ne pouvait pas créer quelqu'un qui sera autre que lui .L'homme est l'image de notre Seigneur sur toutes les formes.

Faisons l'homme

Comprenons cette phrase de la Bible du chapitre 1 du livre de Genèse où Dieu dit : « Puis Dieu dit : Faisons l'homme à notre image, selon notre ressemblance, et qu'il domine sur les poissons de la mer, les oiseaux du ciel et sur tous les bétails qui sont sur la terre, les reptiles qui rampent sur la terre » (Genèse 1 :26).

Prenons ce verbe utilisé « FAIRE » C'est réaliser par son travail, son action, fabriquer, produire….Si nous prenons juste ces explications, nous réécrire ce verset en cette manière : « Produisons l'homme à notre image, selon notre ressemblance… nous verrons qu'à cette traduction Dieu voulait juste dire que celui qu'on créera doit exactement refléter la même image que nous, comme un enfant qui ressemble à son père, on dit textuellement comme son père.

Dans l'idée de la création, le Seigneur voulant mettre sur pied une race qui lui représenterait et serait son reflet sur la terre. L'Eternel n'a pas créé l'homme pour le plaisir de créer mais pour qu'il soit un exemple de l'amour du Seigneur sur terre. Car il voulait que sa créature qui va animer ce monde soit réellement celui qui sera comme le réalisateur de ce qu'il capte au ciel et le mettre en scène sur terre.

Le premier texte a été constaté lors de la création de la femme. « L'Eternel Dieu dit : Il n'est pas bon que l'homme soit seul ; je lui ferai une aide semblable à lui. » (Genèse 2 :18).

A la première vue, L'Eternel a senti que l'homme n'était pas joyeux du fait qu'il était seul sur terre, quand bien même que tout y était. Si Dieu a créé l'homme à son image, C'est parce qu'il lui ressemblait mais quelle était l'image de l'homme sur terre ? Les oiseaux ? Non, les animaux ? Non, Dieu a compris ces choses et il a voulu créer aussi pour l'homme une image qui lui ressemblerait mais qui certainement l'attirerait beaucoup plus que lui-même. Et qui serait sa vraie raison de ne souffrir d'aucune tristesse ni stress c'est bel et bien la femme.

« Alors l'Eternel Dieu fit tomber un profond sommeil sur l'homme, qui s'endormit, il prit une de ses cotes et referma la chair à sa place ». Dieu a fait tomber l'homme d'un profond sommeil pour prendre ce qui appartenait à l'homme pour créer ce qui lui attacherait de cette créature nouvelle. Nous sommes l'image de Dieu et ce qui nous attache de Dieu est qu'on lui ressemble. Tout de l'homme ressemble de l'amour de Dieu en nous et cette cote d'amour est enlevée pour qu'on se voie attacher à celle qu'on nous a donnée comme semblable.

L'os qui est un élément de soutien, d'équilibre dans le corps sera retranché pour former un autre corps c'est ainsi l'os de ces cotes qui a été retranché de l'homme c'est la partie aimable de l'homme, son coté équilibre c'est ainsi après le sommeil, l'homme dira : « Voici cette fois celle qui est os de mes os et chair de ma chair ! On l'appellera femme parce qu'elle a été prise de l'homme » (Genèse).

Ce qui peut attirer l'homme vers la femme n'est que cette cote tirée de chez l'homme par Dieu, et nous pensons que cette cote n'est rien d'autre l'amour. Cet amour créer par Dieu peut faire quitter l'homme de l'endroit qu'il se trouve pour s'attacher à sa femme sans puisse lui ordonner. Dieu n'a pas ordonné à l'homme d'aller vers cette femme que j'ai créé mais juste un sursaut de réveil l'homme a vu et senti l'attraction de son équilibre lui attirer vers un être qui était en face de lui c'est devenir une culture, une loi jusqu'aujourd'hui.

« C'est pourquoi l'homme quittera son père et sa mère et s'attachera à sa femme et ils deviendront une seule chair » (Genèse 2 :24). Cette attirance entre l'homme et femme symbolise aujourd'hui cet amour que chacun de nous se veut bénéficière à un âge donné et pour un sentiment profond qui lui fait suivre celui-ci.

Cette musique que nous avons parlé tantôt, a vu le jour grâce à la création de la femme aux cotés de l'homme. L'Eternel dans sa grandeur cherchait à ce que la même joie qu'il a au ciel, se trouve aussi sur celui qu'il a créé car son souci était qu'il puisse créer son image, sa ressemblance. Quand l'Eternel a eu l'idée de créer l'homme, il a dit faisons ce que Dieu parlait à Dieu en trois personnes de sa trinité et non aux anges.

Car Dieu parlait de cette unité qu'il y a entre lui, le Fils et le Saint-Esprit de même nous verrons que le Seigneur Jésus-Christ lors de la fin de sa mission il dit : « afin que tous soient un, comme toi, père, tu es en moi, et comme je suis en toi, afin qu'eux aussi soient un en nous, pour que le monde croie que tu m'as envoyé… » (Jean17 :21-23).

Le Seigneur Jésus-Christ nous renvoie à la création pour dire que c'est par cet amour-là que tu m'as envoyé sur terre pour confirmer mon appartenance en toi et si je ne suis pas un avec toi, eux aussi ne serons jamais un avec nous. Et personne ne croira que je suis réellement venu de toi…Cela explique que quand l'Eternel disait faisons l'homme, il tenait compte de leur unité. Et l'homme ne pouvait pas aussi être seul car il ne saurait pas réussir d'être pleinement dans la joie car son image sur terre n'existait pas si ce n'est qu'au ciel, et l'arrivait de la femme l'a fait renaitre une force.

La main gauche

Le côté gauche est là où se place le cœur, est-ce d'une manière exprès que Dieu a du placer notre cœur ?

Nous allons voir que dans le monde entier, la main gauche est symbolisée comme la partie féminine. Et la plupart de cas la main gauche pour plusieurs est comme une main de secours et pour certains qui sont gauchers, la main droite est comme une main d'appui. La femme est la gauche de l'homme dont se trouve son cœur et nous voyons que mémé l'anneau que l'on porte dans le mariage se trouvent à gauche. Juste pour dire que je m'attache à lui de tout mon cœur. Retournons aux écritures : Ecclésiaste dit : « Deux valent mieux qu'un, parce qu'ils retirent un bon salaire de leur travail. Car l'un tombe, l'autre le relèvera mais malheur à celui qui est seul et qui tombe, sans avoir un second pour le relever ». Ecclésiaste 4 :9-10).

Comprenant ce passage nous allons comprendre qu'il peut y arriver les deux puissent tomber mais ils ne resteront pas toujours au sol, tous deux ; l'autre relèvera et soutiendra l'autre. Mais c'est malheureux d'être seul sans soutien qui peut vous relever dans votre chute ?

La solitude de l'homme au jardin d'Eden était un danger pour l'homme car à la chute, l'homme n'allait pas avoir un soutien si ce n'est que lui-même ou Dieu. Alors que Dieu pensait ne pas toujours être avec l'homme il lui a déjà tout responsabilisé. C'est ainsi que nous verrons que lors de la ruse du serpent à l'égard de la femme, Eve, le Seigneur est venu poser la question à l'homme où est-tu ? Et l'homme c'est la femme que tu m'as donné (Genèse3 :12) en d'autres termes.

C'est le soutien que tu m'as donné, elle nous a tous deux fait tomber et personne d'entre nous deux ne se relever. Aussi Dieu n'étant pas seul, le Seigneur Jésus-Christ dit à ses disciples qu'il est avantageux qu'il s'en aille mais un autre viendra, le consolateur, qui sera avec eux tous les jours (Jean 16 :7) ;

Cela explique que Jésus-Christ finissant sa mission, savait que ses disciples resteront seul, or seuls ils ne feront rien, ils n'y arriveront pas à faire plus que ce que lui a fait (Jean 14 :12), il a jugé bon que l'un d'eux, le Saint-Esprit puisse être en permanence avec ses disciples, en tout temps de manière à ce que s'il les arrivait de tomber le Saint-Esprit les encouragera de se relever et de prendre la route ou encore que celui-ci les montre comment juger le mal ou bien et s'échapper du mal pour ne pas l'attristé (Ephésiens 4 :30).

L'Eternel l'amoureux de notre présence sur terre à tout orchestré pour qu'on puisse réellement vivre ses merveilles sur terre.

La sagesse vaut mieux

Ecclésiaste dit encore : « La sagesse vaut mieux que les instruments de guerre, mais un seul pécheur détruit beaucoup de bien » (Ecclésiaste 9 :18). L'Eternel dans sa grande beauté a placé l'homme et la femme au milieu d'une grande richesse dont il y avait tout. De l'or, les eaux, des poissons, des animaux, les oiseaux, les arbres… Et par amour celui-ci dit l'homme de notre explication, je suis très content de te créer, et parce que je t'aime tant tache de ne pas manger ce fruit du bien et du mal (Genèse2 :16), donc ce fruit était quand même un fruit du bien mais il y avait aussi le mal.

L'homme manqua la sagesse d'analyser le conseil du Seigneur ou encore ses ordres, se plongeait au nom de l'amour a écouté celui qui les entrainerait dans le mal. Un vrai amour demande de la sagesse et le serpent connaissait ces choses car il était rusé, malin, il savait que l'homme bénéficiera du bien qui est cet arbre un jour.

Mais si possible, que je puisse lui détourner du bien et amener le monde entier dans la désolation car à l'allure où vont les choses, l'homme méritera tout le cœur et la confiance de Dieu.

L'amour obéit

« Si vous m'aimez, gardez mes commandements » (Jean 14 :15)

L'Eternel s'est vu surpris de ce fait que l'homme et la femme aient désobéit à une simple loi qu'il les a donné alors qu'ils ne manquaient de rien (Genèse 2 :8-15) comme pour dire Seigneur on ne t'aime pas et on n'a pas besoin de ce que tu nous dises car on devrait faire mieux que toi. C'est ainsi Jésus-Christ aussi demande à ses disciples si vous m'aimez, vous allez garder mes commandements, tout ce que je serai en train de vous dire ; ce sera pour votre bien mais seulement gardez-les bien et ne commettez pas d'erreur ce sera de l'infidélité.

Quelle est cette personne qui peut être en relation avec son prochain et se verra déçu par cette indiscrétion de celle-ci ou son infidélité à ce qu'elle se dise l'une à l'autre ? Dieu était aussi surpris de voir que tout ce qu'il a dit à l'homme soit violé par l'homme à cause de ce qu'il entendu et vu ailleurs.

Jésus lui répondit : Si tu connaissais le don de Dieu et qui est celui qui te dit donne-moi à boire, et il t'aurait donné de l'eau vive (Jean 4 :10). Le don que Jésus parlait, l'amour, l'Eternel a donné Jésus pour nous par son amour en nous et c'est à nous d'en être fier de lui appartenir car nous nous avons toujours tendance à se prostituer de temps à temps mais lui qui est toujours fidèle à ses paroles et à ses promesses ne le fera jamais.

Et disant à la samaritaine que si tu connaissais celui qui te dis donne-moi à boire, tu lui aurais toi-même demandé à boire… Nous comprenons que Christ disait à cette femme comme à nous tous si avez à cause de vous que je suis descendu et je vais souffrir par amour pour vos péchés, vous aurez à vous agenouiller et me demander pardon car je vous aime c'est pour cela que j'accepte de porter vos péchés parce que je n'ai pas un autre amour si ce n'est vous que j'ai créé à mon image.

L'amour c'est comme de l'eau qu'on ne cesse de boire et a toujours besoin d'en avoir pour la santé, se laver, l'utiliser à plusieurs occasion. Et Christ dit qu'il est de l'eau vivre donc il est cette eau qui n'a pas de microbe, ni souillure dont tout le monde serait fier d'en avoir plus que de l'eau polluée qui est notre vie dont à chaque fois nous salissons et pour purifier notre eau qui nos vies.

Car nos cœur n'ont pas rempli d'amour parce que c'est un cœur salis de trahison mais Christ ne trahi jamais, quand il aime, il assume peu importe l'infidélité de son prochain voulait dire Jésus-Christ à la samaritaine. Et demandait à la femme si elle a un mari (Jean 4 :16-17) c'était pour lui dire humain que vous êtes, vous vous plongez à l'infidélité à chaque instant mais moi je viens pour te présenter un seul mari fidèle qui changera ta vie.

La pâque symbole de l'amour

Avant la fête de pâque, Jésus, sachant que son heure était venue de passer de ce monde au père, et ayant aimé les siens qui étaient dans le monde, mit le comble à son amour pour eux (Jean 13 :1).

Sachant tout ce qui devait se passer ; Jésus-Christ accepte toutes ces souffrances pour prendre notre place à la croix, il fête la pâque avec ses disciples tout en sachant qu'il devait passer à une humiliation, insulte… dont ce n'est pas lui qui devait mériter toutes ces choses. Parmi les gens qu'il lavait les pieds, y avaient ceux-là qui devait le vendre et celui qui va le nier. Lais parce que l'amour supporte ; le Seigneur a accepté encore une fois de laver les pieds de ceux-ci.

Pourquoi ne pas dire tout simplement à ceux-là qu'il connaissait lui faire du mal, que je ne vous laverez pas les pieds car vous participerez à ma mort ? Jésus-Christ n'était pas un homme, il a fait à la manière.

Dieu est amour

Bien-aimés, aimons-nous les uns les autres car l'amour est de Dieu ; et quiconque aime est né de Dieu et connait Dieu. Celui qui n'aime pas n'a pas connu Dieu, car Dieu est amour 1jean 4 :7-8

Celui qui connait Dieu lui qui est la source et l'origine de l'amour, ne donnera que ce qu'il a vu et reçu de celui-ci. Jésus-Christ nous enseigne que nous ne pouvons pas reproduire autre chose surtout lorsque nous sommes en lui car le Seigneur n'a jamais force d'aimer d'autant plus qu'il est amour.

Tel père tel fils on reconnait l'identité du père que sur son fils ; comment un fils peut se reconnaitre en son père ou s'identifier à son père s'il ne trouve rien de son père en lui.

Qui n'aime pas n'a pas découvert ; Dieu, puisque Dieu est amour ce passage nous prolonge encore à dire que la découverte de l'Eternel est une preuve d'une rencontre de l'amour. Car comment nous le saurons celui-ci nous a aimé au-delà de nos comportements, attitudes, péché, iniquité, injustice entre homme ; désobéissance et lui nous a accepté comme tel, ce que lui appartenir nous frappe d'un amour si profond et si vrai que les gens ne souffriront pas à le détecter en nous. Dieu lui-même est amour et venir en lui est une marque d'identité nouvelle sans effort.

JESUS-CHRIST, Fils de sorti de l'union Dieu (Matthieu 1 :1-25)

Isaac le fils que Dieu avait promis à Abraham dont est sortie des entrailles de la femme qu'elle aimait Sara qui était fidèle en elle ; il s'attachait en elle tout au long de sa vie et ne supportait pas lui tromper comme Dieu ne nous a jamais trompé de son amour, de sa fidélité et ses promesses Genèse 21 :3.

A soixante-ans Isaac verra ses deux jumeaux Esaü et Jacob sortit de la seule femme qu'Isaac aimait beaucoup et qui était le choix judicieux du serviteur de son père Eléazar de Damas sous l'instruction spirituelle d'Abraham son père.

Et cet amour de Dieu notre père quand il nous a formé à sa ressemblance et à son image, et il a vu que cela était bon de nous avoir formé et qu'on représente sur terre Genèse 28 :26.

Léa qu'était pas le choix des efforts de Jacob dans la maison de Laban son oncle, stérile qu'elle était ; le Seigneur a eu pitié d'elle et se montra généreux en elle en lui donna Juda et il dit cette fois-ci je louerai l'Eternel et elle cessa d'enfanter. Dieu siège au milieu de nos louanges et adorations et c'est par là que nos pleures et difficultés cessent car nous touchons le cœur de l'amour du Seigneur quand nous l'adorons il se sent à mesure de nous combler de son immense amour (Genèse 29 :35).

Er fils de Juda était méchant de l'Eternel, et l'Eternel le frappa de la mort, Onan mourut à cause de son geste avant d'aller vers Tamar la femme de son frère pour susciter une postérité à celui-ci selon l'instruction de Juda son père Tamar soucieuse d'avoir une postérité dans la lignée de Juda, cherchant d'organiser un inceste et Juda tomba sue ce piège à cause de son erreur avec sa belle-fille et donna naissance aux jumeaux Perets   et Zerach devenu la lignée de   Jésus-Christ, l'Eternel dans son amour ; il reçoit tout homme car son joug est humble Genèse 38

Raab la prostituée n'était pas hébreux   de souche mais l'alliance qu'elle faite elle et sa famille tout en aidant les espions hébreux en Jéricho ; Dieu a approuvé cette alliance et a admis Raab dans la lignée de la nation qu'il aime et elle est devenue ancêtre de Jésus-Christ notre Seigneur dont elle sera l'ancêtre de David d'où sortira des rois que Dieu aimerait de tout son cœur : David et Salomon.

Dieu ne tient pas compte de ce que nous sommes mais ce que nous valons et apportons dans son royaume. Car il peut prendre de choses viles de ce monde pour confondre les sages, et des choses faibles de ce monde pour confondre les forts. L'amour vrai n'a pas de distinction. Ruth 4 :13

C'est pour ça que David dit dans les Psaumes 51 :7 « Ma mère m'a conçu dans le péché » le roi David ne parlait pas de sa mère immédiate mais de sa mère par alliance qui n'était rien d'autre que Rahab son arrière-grand-mère dont l'Eternel a accepté quand mémé de l'enrôle a la liste du Seigneur Jésus comme parenté car l'Eternel est amour. Car David se plaignait de ce fait qu'à cause de la réputation qu'avait son arrière-grand-mère s'est collée sur toute sa génération mais il a oublié le côté positif de l'histoire dont grâce à sa grand-mère aussi que cette descendance est devenue Israël alors qu'elle ne le ressemblait pas et aujourd'hui on parle du roi David dans la lignée de Jésus-Christ qui devrait se plaindre ? Dieu ou David ? Le Seigneur notre Dieu choisi toujours ce que les autres n'ont pas eu le temps d'en trouver bon. L'amour de notre Dieu est exceptionnel.

Raab la prostituée ne fut-elle pas également justifiée par les œuvres, lorsqu'elle reçut les messagers et qu'elle les fit partir par un autre chemin ? Jacques 2 :25

L'amour est une croix que plusieurs n'accepte pas de transporter en sorte qu'ils ne sont pas prêt à le supporter. Car c'est dur d'aimer ; l'homme ne fait pas intervenir ses efforts dans ce domaine de l'amour que l'Eternel a dû subir à son fils pour la sécurité et la récupération de ce même homme qu'il a formé à son image et à sa ressemblance ; après avoir désobéi et tourner le dos au Seigneur.

Il a fallu encore à l'Eternel de fournir beaucoup d'efforts pour sauver ce même homme qu'il a sauvé Jésus-Christ dit à ses disciples ; si quelqu'un vient à moi, et s'il ne hait pas son père, sa mère, sa femme, ses enfants, ses frères, et ses sœurs, et même sa propre vie, il ne peut être mon disciple. Et quiconque ne porte pas sa croix, et ne me suis pas, ne peut être mon disciple (Luc 14 :26-27).

Ceci était comme une bourde dans les oreilles de ses disciples et de la foule qui le suivaient. Comment est-ce possible qu'on puisse haïr tout le monde et même soi-même pour juste suivre celui-ci est ce Dieu pourrait accepter ce genre d'affirmation.

Eh bien oui, le Seigneur a tout laissé sur ciel juste pour venir sauver nos vies et il n'avait même pas besoin de sa propre vie, mais plutôt la nôtre qui était précieuse à ses yeux.

Prenons le cas de Jonas, pourquoi celui-ci a du faire diversion sur ce commandement du Seigneur ? C'est parce que Ninive dont l'Eternel l'envoyé était tout d'abord une ville très grande et il n'était pas possible pour lui seul de parcourir toute ville en ville seul pour jour donner le message que le Seigneur lui avait prescrit. C'est une croix pour Jonas, mais en tant qu'en main il s'est dit : Je ne vois pas Dieu tout comme je ne peux le fuir et aller dans un autre endroit !

Jonas n'était pas encore prêt à se sacrifier pour celui qu'il aime en se sacrifiant en plein jour de crier sur ce qui sera la récompense de ce peuple méchant de Ninive. Mais ayant reconnu que l'amour de Dieu surpasse tout, celui-ci accepte de se sacrifier pour celui qui s'est lui-même sacrifier pour nous. Jonas se leva et partit, mais cette fois pour

Ninive, se conformant à la parole du Seigneur. Or Ninive était devenue une ville excessivement grande ; on mettait trois jours pour traverser (Jonas 3 :3).

La Haine excite des querelles, mais l'amour couvre toutes les fautes

La plupart de gens dans le monde se prend la peine de se mettre en conflit avec les autres à cause de leur jalousie complexe, rivalité et voire égoïsme qui le même à faire du mal aux autres on ne veut pas que l'autre réussisse ; on a du mal à accepter l'autre. On n'est pas prêt à souffrir avec les autres. Voir l'autre réussir c'est une affaire très délicate que celui-ci ne veut pas avaler si facilement.

Un jour dans la Bible, on nous raconte l'histoire de Caïn et Abel ; ceux-ci étaient les deux fils d'Adam après avoir quitté le jardin d'Eden dû au péché qu'ils avaient commis en écoutant le serpent au lieu de respecter les ordres du Seigneur. Mais ceux-ci comptaient toujours en l'Eternel, et le Seigneur ne les avait pas quittés. Ce sont eux qui ont commencé à offrir à l'Eternel les premiers holocaustes et de donner les prémices de leur bien.

Caïn et Abel les deux frères qui s'aimaient bien nous le croyons, il est arrivé le jour d'offrir à Dieu le sacrifice à l'autel ; un esprit de haine est entré en Caïn pour lui donner une envie de tuer son propre frère. Alors que Dieu lui a dit si tu agis bien envers ton frère ton offrande aussi sera agrée mais celui-ci n'écouta point le Seigneur car sa haine avait déjà dépassé de limites. Il tua son frère pour une cause en réalité dont lui-même ignorait et il s'est vu ridicule après.

Et à cause de lui le mal a encore fait surface dans l'étendue de la terre. Absalom en colère contre Amnon qui a désavoué sa sœur, va tuer son frère pour se venger de sa sœur et ce mal a pris toute la royauté de David en mal dont Dieu ne laissera qu'une ville à la postérité de David à cause de la haine de ses enfants et de fautes contre Urie son soldat qu'il a pris sa femme pour son propre plaisir.

On fait intervenir notre haine pour prouver combien nous sommes colérique, et à combien de faire du mal aux autres. Et la plupart de cas ; ce qui nous rend colérique et jaloux n'est pas réellement connu et souvent moins utile. Si on pouvait juste mettre du sel dans notre colère et jalousie on aurait bien afin envers les autres au lieu d'en arriver jusqu'au point de tuer, d'emprisonner, de blesser, de torturer, d'insulter, parce qu'on a juste envie de faire du mal.

Nos réactions est une désolation pour plusieurs familles voire le monde entier.

Mais c'est un devoir pour nous, les forts, de porter l'infirmité des faibles et de ne pas rechercher ce qui nous plait…

Accueillez-vous donc les uns les autres, comme le Christ vous a accueillis, pour la gloire de Dieu. Je l'affirme en effet, c'est au nom de la fidélité de Dieu que Christ s'est fait serviteur des circoncis, pour accomplir les promesses faites aux pères ; quant aux païens, ils glorifient Dieu pour sa miséricorde, selon qu'il est écrit dans Romains 15 :1,9.

 L'apôtre Paul s'adressa aux Romains veut nous expliquer que chaque homme fort soit-t-il doit savoir qu'il a d'abord était faible puisse avant de se croire aujourd'hui et de ce fait qu'il croit être fort, ne pas négliger ceux qui paraissent faibles à ses yeux aujourd'hui.

Christ étant venu sur terre, il s'est pris pour faible donc péché pour nous sauver de toutes nos iniquités et faiblesses qu'on avait ce n'est pas à nous aujourd'hui de croire que nous n'avons plus besoins des autres car nous avons déjà reçu une puissance, un niveau élevé dans la société dont l'autre (le faible) n'a plus rien n'a m'apporté si ce n'est que l'association de forts qui m'intéresse.

Le Seigneur entra dans la maison d'Etienne il a commencé à boire et manger avec les païens et les pharisiens s'étonnèrent pour dire comment il mange avec les gens qui sont impurs ? Est-ce qu'il ne sait pas que ces gens sont de mauvaise vie ? Mais le Seigneur les dira : Je suis venu pour les malades et non pour le bien-portant. Les Pharisiens étaient accros à la loi et principes bibliques mais loin de la réalité de la parole de Dieu ; Jésus a dit oui je ne suis pas venu pour enlever ou abolir la loi mais apporter la grâce. Cela veut dire que le commun de mortel dise que qui s'assemble se ressemble. Plus tu vas t'attacher à quelqu'un tu vas lui ressembler c'est pourquoi ce principe ne va dans le mauvais sens et non dans le bon ? Est-ce qu'on ne peut pas entrainer ceux-là dans le bon sens ?

Nous voyons cette chose même dans nos églises aujourd'hui ; les forts en estime se font souvent remarqués entre eux et mettent les faibles par défaut à l'écart sous prétexte qu'ils ne grandiront jamais. Posons-nous cette question : Etes-vous né forts ? Qu'avez-vous fait pour devenir fort ? Etes-vous arrivés tout seul ? Si non, pourquoi stigmatisez-vous tout le temps les autres, alors que vous vous n'êtes pas fait fort vous-mêmes ?

Ce genre de choses, prouve à suffisance que ces gens-là n'ont pas en réalité grandie mais se mettent dans la peau de Pharisiens qui pensent tout connaitre du royaume de cieux et qui se croient déjà au ciel à la droite du Père en train d'adorer et de juger les autres. Si le Seigneur ne l'a pas fait envers nous à combien plus forte raison si nous nous disions être enfant de Dieu nous ne pouvons le faire à l'égard des autres ? La vie chrétienne ne se définit pas comme ce que nous nous pensons suivant nos côtés humains.

Car lui-même dit : Vos pensées ne sont pas mes pensées et vos voies ne sont pas mes voies. Et il ajoute encore je ne tiens pas compte de ce qui frappe aux yeux mais de cœur.

Prenons encore une autre histoire d'amour de Joseph et Marie ; ils s'aimaient tellement que ni l'un ni l'autre pouvait s'éloigner de son amour à cause d'une circonstance quelconque. Luc nous dit dans son chapitre 2 : 4,6 : Joseph aussi monta de la Galilée, de la ville de Nazareth pour se rendre en Judée dans la ville de David, appelée Bethlehem, parce qu'il était de la maison et de la famille de David ; afin de se faire inscrire avec Marie, sa fiancée, qui était enceinte. Pendant qu'ils étaient là, le temps où Marie devait accoucher arriva.

Nous comprenons que Joseph qui n'était pas biologiquement responsable et père de Jésus-Christ (l'enfant dans le ventre) a dû supporter de se déplacer et se prendre soin de sa fiancée et de sa grossesse à cause de cet amour qu'il lui prouverait.

L'annonce de Jean-Baptiste

Criant dans le désert que le royaume de Dieu est proche, cette affirmation a fait peur aux gens d'où ils ont tous voulu savoir ce que Jean-Baptiste le disait certainement. Mais nous allons comprendre plus loin que le message de Jean-Baptiste n'était pas de réprimander les gens par rapport à un péché commis ou à un mal ou meurtre mais surtout il voulait que les gens s'aiment car à partir de cet amour du prochain que chacun aura sur l'autre qu'on va s'éloigner du péché qui nous emmène à tuer, à prendre la femme d'autrui comme Hérode le tétrarque l'a fait ou encore à extorquer les pauvres gens comme le soldat le faisait et surtout à ne pas vouloir aider les autres. Nous voyons cette explication dans le chapitre 3 du livre de Luc qui dit :

Produisez donc les fruits dignes de la repentance, et ne vous mettez pas à dire en vous-mêmes : Nous avons Abraham pour père ! Car je vous déclare que de ces pierres Dieu peut susciter des enfants à Abraham. Déjà même la cognée est mise à la racine des arbres : tout arbre donc qui ne produit pas de bons fruits sera coupé et jeté au feu. La foule l'interrogeait, disant : Que devons-nous donc faire ? Il leur répondit : Que celui qui a deux tuniques partage avec celui qui n'en a point, et que celui qui a de quoi manger agisse de même…Des soldats aussi lui demandèrent ; Et nous, que devons-nous faire ? Il leur répondit : Ne commettez ni extorsion ni fraude envers personne et contentez-vous de votre solde. Luc 3 : 8-14.

Le vrai péché si nous comprenons selon l'enseignement de Jean-Baptiste ce n'est que lorsque l'homme n'arrive pas à faire ce que Dieu lui a prescrit de faire c'est alors qu'il tombera dans le péché dont il le nomme les fruits de l'esprit.

Ce que dans l'amour seul, nous pouvons faire sortir plusieurs fruits de l'esprit qui limiterait ou mettrait fin sur la terre.

Prêtez sans rien espérer en retour

On pense toujours dans la vie chercher une compassion, bonne réactions des autres après avoir fait quelque chose au départ et on ne le fait pas de manière spontanée en retour attendre quelque chose. Etre déçu par après ce qu'on attendait recevoir et on l'a pas reçu malheureusement. Curieusement tout le monde n'aime jamais avoir tout et chacun se dit innocent de son côté ; on se pose de question de savoir qui dit vrai cette fois-là ?

Voici la règle d'or que Christ a dû proposer à chacun de nous, représenter par ses disciples à cette époque-là ; Le Seigneur dit : « Ainsi, tout ce que vous voulez que les hommes fasses pour vous, faites-le vous-mêmes pour eux ; c'est la loi et les Prophètes (Matthieu 7 :12).

Mardochée, un prudent qui sauve

Mardochée nous donne un grand exemple d'un amour désintéressé ;

A l'époque d'un grand roi Assuérus dont il dirigeait ou régnait depuis l'Inde jusqu'en Ethiopie sur cent vingt-sept provinces ; et le roi était alors assis sur son trône royal à Suse, dans la capitale. La troisième année de son règne, il fit un festin à tous ses princes et à ses serviteurs ; les commandants de l'armée des Perses et des Mèdes, les grands et les chefs des provinces furent réunis en sa présence dit la parole du Seigneur (Esther 1 :1,3).

Ce roi faisait que montrer sa grandeur, sa royauté, ses richesses à tout le monde juste une façon pour lui de se réjouir autour de sa richesse. Le roi pensait aussi la beauté de la reine dépassait cela de toutes ses concubines et de toutes les femmes du monde qui faisait parte intégrante de ses richesses. Dieu s'y trouvait aussi pour rapprocher quelqu'un de sa cour royale juste pour prévenir la sécurité de son peuple qui est Israël. Voulant montrer sa femme, mais celle-ci refusa de sortir, le roi très irrité ; la reine après le conseil de ses proches, la suite nous la connaissons bien.

Ce qui nous intéresse ici c'est cet homme qui a élevé la fille de son oncle qui s'appelle Mardochée, Benjamite de son état et ils étaient emmené captifs de Jérusalem déportés avec Jeconia, son roi de Juda par Nebucadnetsar, roi de Babylone. Esther était la fille qu'il élevait ; cet homme avait qu'un jour, ils retourneront à Jérusalem, il élevait cette fille selon la couture des hébreux et avec crainte de l'Eternel.

L'Edit du roi annoncé, que le roi avait remplacement de la reine vasthi ; er Esther a été prise parmi ces filles-là Hégai, le gardien des femmes a eu beaucoup d'estime pour Esther, sachez-le que Hadassa de son nom signifiait tout simplement grâce ; cette fille a trouvé grâce aux yeux du gardien des femmes, n'oubliant pas le conseil de son oncle Mardochée qui lui avait strictement interdit de ne pas signaler son origine ni sa naissance…(Esther 2 :10).

Elle sera ainée par le roi au-delà de toutes les filles et fit reine à la place de vasthi (Esther 2 :17), Mais tout allé bien car la fille de Mardochée est devenue reine ; or Mardochée son oncle ne l'a jamais dit dévoiler ce qu'il est. Comment il a dû laisser passer l'histoire au lieu de revendiquer qu'il était son oncle ? C'est juste   un amour   désintéressé qui remplissait le cœur de cet homme qui nous éduque aujourd'hui ; si c'est moi et toi aujourd'hui, est-ce on n'allait pas réclamer quelque chose ? Continuons l'histoire.

Oncle de la reine, Mardochée continuait à roder chaque jour sur le porte royale quand il arriva un jour où comme la Bible dit : « Dans ce même temps, comme Mardochée était assis à la porte du roi, Bigthan et Theresch, deux eunuques du roi, garde du seuil, cédèrent à un mouvement d'irritation et voulurent porter la main sur le roi Assuérus, Mardochée eut connaissance de la chose et en informa la reine, qui la redit au roi de la part de Mardochée.

Le fait ayant été vérifié et trouvé exacte, les deux eunuques furent pendues à un bois. Et cela fut écrit dans le livre des Chroniques en présence du roi (Esther 2 :21-23). Après tout cela, Mardochée continuait à vivre loin de la cour royale et sans rien demandé ni à la reine ni rappeler au roi ce bienfait, son geste de bravoure, Esther non n'a rien dit au roi que celui qui l'a sauvé est son oncle.

Arriva le jour où Haman le gouverneur, constata que Mardochée comme d'autres juifs ne s'agenouillaient pas quand il passait et la chose sera connu du roi, puis les juifs étaient déjà candidats à la mort, c'est en ce jour-là que Mardochée fut reconnu par le roi d'où Dieu va déranger le sommeil roi juste pour jeter un œil à son livre des souvenirs. Et rétablir Mardochée de son droit.

Lorsque vous faites quelque chose d'une manière désintéressée, Dieu lui-même parlera de vous aux gens et vous serez récompensé. Un amour profit tue la crédibilité de l'amoureux et lui met sur la liste des opportunités. Que cette histoire de Mardochée nous enseigne.

L'amour et l'obéissance

Et maintenant, Israël, qu'est-ce que le Seigneur ton Dieu attend de toi ? Il attend seulement que tu craignes le Seigneur ton Dieu en suivant tous ses chemins, en aimant et en servant le Seigneur ton Dieu de tout ton cœur de tout ton être, en gardant les commandements du Seigneur et les lois que je te donne aujourd'hui, pour ton bonheur…Or c'est à tes pères seulement que le Seigneur s'est attaché pour les aimer et après eux, c'est leur descendance. C'est-à-dire, vous, qu'il a choisis entre tous les peuples comme on le constate aujourd'hui. Deutéronome 10 :12-15

Dieu donna des instructions aux enfants d'Israël, il voulait juste leur montres les limites de cette liberté qu'ils ont envers lui, car c'est lui qui les a fait sortir de l'Egypte et les rappeler que cela était juste son choix qu'il avait fait à leurs ancêtres et il le renouvelle à eux qui sont une autre génération ne connaissant nullement ce qui s'est passé et qui était ce prix du sacrifice qu'à enduré leurs ancêtres pour qu'aujourd'hui Israël devienne ce qu'il est car tout ce monde-là se disait tout nous est permis et que nos ancêtres.

Et ceux-ci devraient rappeler à l'ordre par le Seigneur car nombreux d'entre eux pouvaient récidiver avec cette erreur qu'à commise leurs ancêtres à l'époque dont Moise attendu dans la montagne ; et ils ont dû montrer un dieu en fonte juste parce qu'ils se voyaient incontrôlés, préoccupés par le fait d'avoir un dieu ou un puissant au milieu d'eux et refusé de se soumettre aux ordres que Moise leur donnait alors ça venait du Seigneur. Il pensait que l'ancien prince avait emportait les quelques fétiches de la cour royale et c'est grâce à cela qu'il les a fait sortir de l'Egypte donc eux aussi peuvent créer leur dieu et s'en servir parce que Moise dure avec son dieu.

L'amoureux notre SEIGNEUR remet la pendule à l'heure à la nouvelle génération pour lui dire que l'amour a un prix.

Mais suivons bien l'histoire, ceux-ci vont trahir leur amoureux pour montrer leur infidélité à Peor : Israël s'établit à Sittim et le peuple commença à se livrer à la débauche avec les filles de Moab. Elles invitèrent le peuple aux sacrifices de leurs dieux ; le peuple y mangea et se prosterna devant leurs dieux. Israël se mit sous le joug du Baal de Peor et le SEIGNEUR s'enflamma de colère contre lui.

Le SEIGNEUR dit à Moise : Saisis tous les chefs du peuple et fais-les pendre devant le SEIGNEUR, face au soleil, afin que l'ardente colère du SEIGNEUR se détourne d'Israël. Nombres 25 :1-4

Nombreux de nous trahissent leurs prochains comme Israël a fait envers le SEIGNEUR, l'homme n'a jamais été prêt à respecter un certain nombre de principe d'amour ; alors que celui-ci émane du cœur. On n'aime pas dans la bouche mais la bouche donne exactement ce que le cœur conçoit c'est de l'abondance du cœur que la bouche parle dit les écritures dans Luc 6 :45.

Comment dire que vous aimez votre prochain alors que vous lui montrer autre chose en retard ? Si nous pouvons réagir ainsi à l'égard de celui qui nous a tout donné son fils, ses merveilles la terre et tout ce qui se trouve ; et surtout qu'on ne le voit pas. A combien plus forte raison nous ferons du bien ç celui qu'on voit qui est l'homme ? Nous tous nous sommes de ressemblable du Seigneur mais le SEIGNEUR ne s'identifie pas dans nos faits et gestes. Que voulons-nous au juste ?

La conception du mal, il y a une histoire encore dans la bible qui nous intéressé, celle de Jephté : Jephté, le Galaadite, était un vaillant héros. Il était fils d'une femme prostituée ; et c'est Galaad qui avait engendré Jephté. La femme de Galaad lui enfanta des fils, qui devenus grands, chassèrent Jephté ; et lui dirent :

Tu n'hériteras pas dans la maison de notre père, car tu es fils d'une autre femme (Juges 11 :1-2).

Comprenons bien cette histoire les fils de Galaad ont rejeté Jephté leur frères en disant qu'il est un fils de ^prostituée mais quand il y a eu un malheur. Ces fils de Galaad voyant que les Ammonites venaient envahir Israël, ils ont vite fait recours à leur frère Jephté, pour le sauver, et ils ont fait un vœu ensemble avec lui qui tu seras notre chef et tu seras à notre tête si on gagne. Et Dieu nous est témoin nous le jurons que ce sera ainsi. Mais au-delà de l'acceptation de Jephté ;

Il y avait quelque chose dans son cœur qu'il n'avait pas dit à ses frères. Or ceux-ci l'ont dit tout ce qu'ils avaient dans leur cœur et c'était vrai. Et sous la colère de ce que ses frères l'avait fait ; il voulait toujours se venger d'eux. Et il fait ce vœu à l'Eternel : « Si tu livres entre mes mains les fils d'Ammon, quiconque sortira des portes de ma maison au-devant de moi, à mon heureux retour de chez les fils d'Ammon, sera consacré à l'Eternel, et je l'offrirai en holocauste »Juges 11 :30-31.

Mais parce que ce n'était pas un vœu venant de bon sens, d'un vrai amour mais d'une revanche ; Jephté retourna dans sa maison à Mitspa. Et voici, sa fille sortit au-devant de lui avec ses danses. C'était son unique enfant ; il n'avait point de fils et point d'autre fille. Dès qu'il la vit, il déchira ses vêtements, et dit : Ah ! Ma fille ! Tu me jettes dans l'abattement, tu es au nombre de ceux qui me troublent ! J'ai fait un vœu à l'Eternel, et je ne puis le révoquer. Juges 11 :34-35

A cause de sa haine, Jephté a livré son unique enfant et fille dont il voulait retourner le pareil à ses frères qu'il qualifiait d'ennemis.

Pendant ce temps-là ceux-ci le prenait pour leur frère et leur héros mais lui se préparait pour les faire du mal. Ce même cœur qui peut aimer c'est ce même cœur qui peut haïr. Plus nous plaçons la haine à la place de l'amour que le SEIGNEUR nous enseigne nous risquerons de perdre nos propres avantages, santé, bien et richesse.

La seule richesse qu'avait Jephté était sa seule héritière. Voyez vois que Jephté est parti avec sa descendance aussi. Si son histoire est écrite dans la Bible, c'est juste pour nous enseigner ce que peut nous entrainer la haine. Jusqu'aujourd'hui, les filles de Galaad pleurent et célèbrent la virginité de la fille de Jephté quatre jours par année.

Evitons de faire de choses qui vont couter la vie de toute une génération à cause d'une simple colère qui est passagère. Combien de gens sur la terre qui ont tué ses propres frères à cause d'une dispute qui pouvait être régler si facilement et si rapidement.

Ne manigance rien de mal contre ton ami (frère) alors qu'il est assis en toute confiance près de toi.

Oui, il est bien inutile de tendre le filet quand toute la gent ailée le voit!

Es-tu prêt à devenir comme Joseph ? Ou à supporter les autres comme Joseph l'a fait au regard de ses frères ?

Tout est venu par un amour, vous allez voir que l'amour peut paraitre très contraignant pour d'autres et si on doit parler de l'amour ; ce que son jumeau n'est pas loin de la haine.

Israël aimait Joseph plus que tous ses autres fils, parce qu'il l'avait eu dans sa vieillesse ; et il lui fit une tunique de plusieurs couleurs. Genèse 37 :3

Vous allez vous poser la question de savoir : Pour juste sa vieillesse qu'il l'a aimait aussi fort que ça ? Mais c'est à cause de Jacob que Joseph s'est attiré des ennemis.

Nous disons non, car l'amour ne réfléchit jamais et l'amour n'a jamais était faux ; ça toujours était un risque pour celui qui l'éprouve sincèrement. Jacob a prouvé de son tout son amour à Joseph alors qu'il en avait douze. C'est déjà un risque à grandeur nature.

Un jour, la haine était à son comble et les frères de Joseph se sont résolus de le faire mourir : Ils le virent de loin ; et, avant qu'il fut près d'eux ; ils complotèrent de le faire mourir. Ils se disent l'un à l'autre : Voici le faiseur de songes qui arrive. Venez maintenant, tuons-le, et jetons-le dans une des citernes, nous dirions qu'une bête féroce l'a dévoré, et nous verrons ce que deviendront ses songes. Genèse 37 :18-20

Joseph était parti à la recherche de ses frères, il a très bien dit ses frères, et non ses tueurs ou encore ses ennemis. Avec un cœur d'amour il rejoignait ses propres frères ; qui dans leur cœur voyaient un ennemi.

Mais après l'avoir vendu en Egypte, Dieu a fait justice à Joseph qui deviendra après plusieurs histoires tragiques, il devient gouverneur de l'Egypte ; la famine va frapper la terre selon le songe qu'il avait interprété et Jacob enverra ses dix fils pour acheter de vivres en Egypte.

Joseph ordonna qu'on remplisse de blé leurs sacs qu'on remit l'argent de chacun dans son sac, et qu'on leur donnât des provisions pour la route. Et l'on fit ainsi.

Genèse 42 :25.

Auriez-vous faire ceci à vos frères après avoir enduré toutes ces épreuves ? Mais quel niveau d'amour qu'avait Joseph jusqu'au point de faire du bien à ses frères ? Vous direz c'est normal ils étaient ses propres frères biologiques mais non, nous aussi nous sommes frères dans le Seigneur car la bible dit que Christ est le premier né de tous dit l'Apôtre Paul.

Et Job ? Qu'est-ce qu'enseigne celui-ci ? Eliphaz de Théman, Bildad de Schuach et Tsophar de Naama y compris sa propre femme ne croyaient pas ce qui lui était arrivé, mais en aucun cas Job a rejeté ou à porter revanche à ses amis ni à sa femme. N'était-ce pas une épreuve dure ? Mais l'amour de Dieu a comblé sa vie pour oublier toutes ses paroles choquantes venant de sa femme et ses propres amis. Et notre modèle, Le Seigneur JESUS ; quand les disciples ont vu que Christ était arrêté, tous ont pris fuite sauf Pierre qui avait juré de ne jamais le quitté le renierait par peur d'être arrêté. Resté seul, tabassé, insulté, craché au visage mais le jour de sa résurrection Il dit aux femmes :

*Femme, pourquoi peurs-tu ? Qui cherches-tu ? Elle pensait que c'était le jardinier, lui dit : Seigneur, si c'est toi qui l'as emporté, dis-moi où tu l'as mis, et je le prendrai…Jésus lui dit : Ne me touche pas ; car je ne suis pas encore monté vers mon Père. Mais va trouver mes **frères**, et dis-leur que je monte vers mon Père et votre Père, vers mon Dieu et votre Dieu. Jean 20 :15-17*

Il a parlé de frères, quels frères ? Ceux qui l'ont laissé seul pendant son arrestation ? De tout ce qu'il a enduré ? Quel Père, leur père aussi ? Après tout ce qu'ils ont fait à son Fils ? JESUS-CHRIST a montré qu'il était amour et il ne pouvait pas nous montrer aussi chose que cet amour qu'il est venu nous instruire et il est retourné avec pour nous le laissé avec.

Sommes-nous prêt à aimer jusqu'à ce point ? Comme nos trois personnages des Ecritures que nous avons sélectionnés parmi tant.

Vous n'êtes pas le seul à être trahi ou à souffrir, ne cèdes pas aux solutions du diable car lui n'a jamais connu l'amour si ce n'est que son contraire. Aimons-nous pour être des vrais enfants de Dieu.

Quand je parlerai les langues des hommes et des anges, si je n'ai pas l'amour, je suis un airain qui résonne, ou une cymbale qui retentit.

Et quand j'aurai le don de prophétie, la science de tous les mystères et toute la connaissance, quand j'aurais même toute la foi jusqu'à transporter des montagnes, si je n'ai pas l'amour, je ne suis rien. Et quand je distribuerais tous mes biens pour la nourriture des pauvres, quand je livrerais même mon corps pour être brulé, si je n'ai pas l'amour, cela ne me sert à rien.

L'amour est patient, il est plein de bonté ; l'amour n'est point envieux ; l'amour ne se vante point, il ne s'enfle point d'orgueil, il ne fait rien de malhonnête, il ne cherche point son intérêt, il ne s'irrite point, il ne soupçonne point le mal, il ne se réjouit point de l'injustice, mais il se réjouit de la vérité ; il excuse tout, il croit tout, espère tout, il supporte tout.

L'amour ne périt jamais. Les prophéties seront abolies, les langues cesseront, la connaissance sera abolie. Car nous connaissons en partie, et nous prophétisons en partie, mais quand ce qui est parfait sera venu, ce qui est partiel sera aboli. Lorsque j'étais enfant, je parlais comme un enfant, je résonnais comme un enfant ; lorsque je suis devenu homme, je fais disparaitre ce qui était de l'enfant.

Aujourd'hui nous voyons au moyen d'un miroir, d'une manière obscure, mais alors nous verrons face à face ; aujourd'hui je connais en partie, mais alors je connaitrai comme j'ai été connu.

Mais donc ces trois choses demeurent : la foi, l'espérance, l'amour ; la plus grande de ces choses, c'est 'amour (1 Corinthiens 13 :1-13).

Amen

SOMMAIRE

www.ingramcontent.com/pod-product-compliance
Lightning Source LLC
Chambersburg PA
CBHW071253130726
47998CB00003B/1168